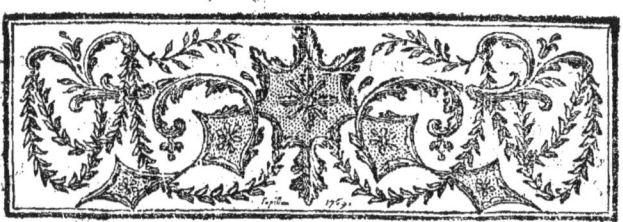

MÉMOIRE

POUR le sieur LABATUT, Intendant des Maison & affaires de Madame la Marquise du Poulpry, & exécuteur testamentaire du sieur Izard.

CONTRE le sieur BONNAFOUX, légataire universel, la dame veuve DELPECH & autres légataires particuliers dudit sieur Izard.

LE sieur Izard, en me chargeant de l'exécution de son testament, m'a donné, sans doute, une preuve de confiance à laquelle je dois être sensible, mais je ne puis m'empêcher de reconnoître en même-tems qu'il n'étoit pas libre dans le choix qu'il avoit à faire.

Il dispose en faveur de quatre-vingt-dix collatéraux; il lègue en outre une somme de *cent liv.* à quiconque établira sa parenté avec lui, & *en justifiera à son exécuteur testamentaire.* Or, quel autre que moi pouvoit faire cette vérification? Né dans le pays même où toute la famille du sieur Izard est établie, j'y ai fait, depuis que je suis fixé à Paris, plusieurs voyages, & j'y entretiens, par état, des relations habituelles & presque journalieres.

A

Une autre raison non moins puissante a pu déterminer encore le testateur. Il devoit sa fortune à M. Castanier, grand oncle de Madame la Marquise du Poulpry, & il a pensé que c'étoit en faire une sorte d'hommage à cette dame que de la déposer, pour ainsi dire, entre les mains de son Intendant. Il connoissoit d'ailleurs les sentimens de bienfaisance dont elle est animée, & il ne doutoit pas qu'elle ne s'intéressât vivement au sort des légataires, tous ses vassaux & censitaires, & qu'elle ne s'occupât du soin de les faire payer promptement & sans frais.

Enfin, le sieur Izard vouloit mettre & la substitution qu'il établissoit par son testament, & le légataire universel qu'il avoit choisi, sous la surveillance & la protection immédiate de Madame la Marquise du Poulpry.

Les vues du sieur Izard n'auroient certainement pas été trompées; mais la cupidité, l'intrigue & la chicane se sont réunies pour déconcerter la sagesse des mesures prises par le testateur, pour empêcher le bien qu'il vouloit faire à des parens pauvres, mais honnêtes, & pour me susciter à moi-même l'odieux procès qui donne lieu à ce Mémoire.

FAITS.

Le sieur Pierre Izard étoit né à Cuxac, village au pied de la Montagne Noire dans le fond du Languedoc.

Cuxac est une Seigneurie qui appartenoit à M. Castanier d'Auriac, oncle de Madame la Marquise du Poulpry, & que cette dame possède aujourd'hui.

Le sieur Izard s'attacha à M. Castanier vers l'année 1719, & le servit en qualité de cuisinier jusqu'à sa mort, arrivée en 1759, c'est-à-dire, pendant environ quarante ans.

M. Caſtanier l'avoit pris en affection, & s'étoit, en quelque forte, chargé de ſa fortune. Izard remettoit exactement ſes gages & ſes profits à ſon protecteur, qui les dépoſoit dans les fonds publics, & qui lui procuroit ainſi des bénéfices d'autant plus certains, qu'il prenoit les pertes pour ſon compte perſonnel.

Les fonds d'Izard groſſis par ces heureux placemens, étoient déjà fort conſidérables lorſque M. Caſtanier mourut. Des économies ſagement ménagées depuis, ont plus que doublé ſa fortune, & voilà de quelle maniere un ſimple cuiſinier eſt mort riche de plus de 700,000 livres, ſans qu'on puiſſe ſuſpecter ſa probité.

Le ſieur Izard n'ayant pas été marié, laiſſoit pour héritiers une foule de collatéraux domiciliés dans la même Paroiſſe de Cuxac & dans les villages voiſins.

Il n'avoit point entretenu de relations directes avec ſa famille, & j'étois le ſeul qui, au retour des voyages que je faiſois de tems en tems dans le Languedoc pour les affaires de Madame la Marquiſe du Poulpry, lui rappellaſſe ſes parens, & ſur-tout ceux qui étoient chargés d'enfans & avoient le plus beſoin de ſecours. Je lui dois ce témoignage, que pluſieurs fois il a eu égard à ma recommandation, & leur a fait paſſer, par mes mains, différentes ſommes.

Quelques années avant ſa mort, le ſieur Izard me demanda des renſeignemens plus précis ſur le nombre de ſes collatéraux, ſur le dégré de parenté qu'il avoit avec chacun d'eux, ſur l'état de leurs affaires, ſur leur âge, le nombre de leurs enfans, &c.

Je connoiſſois preſque toute ſa famille; mais pour avoir des notions plus certaines, j'écrivis ſur les lieux & m'adreſſai à MM. les Curés, Juges, Nótaires, Régiſſeurs, Fermiers, &c. (1).

---

(1) Tous ces faits ſont prouvés par les pieces que je rapporte.

On m'envoya des listes chargées de noms presque tous inconnus au sieur Izard. Je fis un premier travail sur ces listes, & dressai un arbre généalogique. Il restoit des obscurités. Il fallut écrire une seconde & une troisieme fois. On me fit passer de nouvelles instructions sur lesquelles je fis un nouveau travail que je remis au sieur Izard.

C'est sur ce dernier travail qu'il a fait son testament.

Après quelques legs pieux, ou de domestiques, & une rente viagere de 500 livres léguée à son frere, il distribue toute sa fortune à quatre-vingt-dix, tant neveux ou nièces, petits neveux ou petites nieces, que cousins & cousines.

Il donne à certaines branches composées de 3 ou 4 freres & sœurs, 12, 18, 20, & même 30,000 livres une fois payées; à quelques autres, 4, 5 ou 6 mille francs. Le plus grand nombre de ses parens est individuellement légataire de deux ou trois mille livres.

Il legue d'ailleurs à chacun des membres de sa famille, en faveur desquels il ne fait point nommément de disposition testamentaire, 100 liv. une fois payées, *pourvu qu'ils aient justifié par des actes authentiques de leur dégré de parenté avec lui à son exécuteur testamentaire, dans les six mois qui suivront le décès (du testateur)*.

« Quant au surplus de mes biens, en quoi qu'il puisse con-
» sister, dit-il, après le paiement des legs & l'acquit des dettes
» & charges de ma succession, je le donne & légue à Jean
» Bonnafoux mon petit neveu ; en conséquence, je le nomme
» & institue mon héritier & mon légataire universel pour jouir
» par lui du surplus de mes biens ».

Ce légataire universel est grevé de substitution.

1°. Envers ses propres enfans, & 2°. dans le cas où il décéderoit sans enfans & descendans, envers les neveux & nieces, petits neveux & petites nieces du testateur, & envers leurs descendans, issus des femmes Bonnafoux & Sendrail, sœurs du testateur, &c......

Le sieur Izard ordonne en conséquence que tout son mobilier soit vendu & converti en immobilier réel ou fictif, en présence de son exécuteur testamentaire, & ne veut pas que sans le consentement de cet exécuteur, il puisse recevoir le remboursement d'aucune des rentes provenantes du legs universel.

Il termine son testament en ces termes :

« Je prie M. Labatut, Intendant des Maison & affaires de
» Madame la Marquise du Poulpry, veuve de M. du Poulpry,
» Lieutenant général des armées du Roi, de vouloir bien être
» l'exécuteur de mon testament, & je le prie de vouloir bien
» accepter le legs que je lui fais de 4000 livres une fois
» payées ».

Telle est donc l'économie du testament.

Quatre-vingt-dix neveux ou nieces, & autres parens plus éloignés, sont gratifiés par le sieur Izard. Une foule d'autres individus qui peuvent avoir avec lui des liaisons de parenté à quelque dégré que ce soit, ont encore droit à un legs de *cent francs*. Il suffit qu'ils prouvent qu'en effet ils sont ses parens.

Mais qui voudra, ou plutôt qui est-ce qui pourra approuver ou contredire leurs prétentions ?

Moi seul, qui, par la connoissance que j'ai des familles, & même des individus de mon pays natal, moi qui, par mes correspondances suivies avec les Curés, Officiers de Justice, Régisseurs & principaux Fermiers de Cuxac & villages circonvoisins, suis plus en état que personne de faire un examen, une vérification presqu'impossibles à un homme de Paris, & de les faire promptement & sans frais ; moi qui, opérant sous les yeux & d'après les ordres de Madame la Marquise du Poulpry, aurois tiré des mandats sur ses Régisseurs & fait payer sur les lieux même, tous les legs à l'instant de la délivrance; moi enfin qui me serois fait un devoir sacré de remplir avec la derniere exactitude les vues & les intentions du sieur Izard, mon compatriote & mon ami.

Mais des tiers-intéressés sans doute, à brouiller les affaires, & à profiter de la division, ont inspiré des préventions au légataire universel, & affecté de répandre des doutes injurieux sur ma probité.

Il faut développer cette malhonnête & ténébreuse intrigue.

Je ferai forcé de parler de moi ; mais, si *chacun dit du bien de son cœur**, je prouverai du moins par les faits, que je ne suis pas indigne de la confiance qu'on a eue, & qu'on peut encore avoir en moi.

<small>La Rochefoucault.</small>

Je suis entré fort jeune dans la gestion des biens de feu M. Castanier, & quand on se fut bien assuré de mes principes & de mes mœurs, je fus appellé à Paris en 1755, pour y remplir les fonctions épineuses & délicates de premier Secretaire de M. d'Auriac, Avocat général au Grand Conseil.

A la mort de ce jeune Magistrat qui annonçoit de si grands talens, & dont la perte a occasionné les regrets les plus vifs dans tous les ordres de citoyens, M. son pere, Conseiller d'Etat, & premier Président au même Tribunal, me retint chez lui, dans la qualité que j'avois eue auprès de M. son fils. Ce fait seul prouve de quelle maniere je m'étois conduit durant les sept années que j'avois passées avec M. l'Avocat général.

M. d'Auriac mourut en 1765, laissant pour sa seule & unique héritiere Madame la Marquise du Poulpry.

Des héritiers croient toujours avoir des sujets de plaintes, ou du moins ils conçoivent trop ordinairement des préventions contre ceux qui ont eu part à la confiance du défunt. Madame la Marquise du Poulpry ne pense pas comme le vulgaire; & j'ose dire qu'en me distinguant, elle m'a rendu justice. Cette dame, qui recueilloit cette immense succession, crut devoir m'en confier les détails & l'administration; & sans doute j'ai répondu à ses vues, puisque, depuis vingt ans, sa confiance en moi ne s'est point affoiblie; confiance, au surplus, d'autant plus honorable pour moi, qu'elle est plus éclairée. A la connoissance parfaite de ses affaires, cette dame unit le plus grand esprit d'ordre & de justice. Or, un homme, dont la conduite n'auroit pas été loyale & franche, un homme qui eût été d'une foi suspecte, & qui n'eût pas été en état chaque année, chaque mois, disons mieux, chaque jour, de rendre compte de ses recettes & de ses dépenses, auroit-il échappé à la surveillance, au coup d'œil observateur de cette dame, qui entre dans les moindres détails, & préside à l'ensemble de son administration?

Voila les faits: c'est à mes adversaires à en tirer de justes conséquences, ou plutôt c'est à eux à rougir de m'avoir outragé, & d'avoir employé pour cela l'organe purement passif d'un homme à qui je rendois alors les plus signalés services, & qui auroit dû me respecter & m'aimer comme un pere.

e veux parler du légataire universel du sieur Izard.

Jean Bonnafoux, *petit-fils de l'une des sœurs* du testateur, étoit un malheureux compagnon Charron, travaillant à la journée chez des maîtres de Paris, où il étoit arrivé en 1781.

En partant de Cuxac, il s'étoit fait donner mon adresse, & ce fut chez moi qu'il débarqua, pour savoir celle de son oncle. Je lui conseillai de lui rendre souvent des devoirs, & lui promis d'engager le sieur Izard à lui faire du bien. Je lui recommandai en même tems de me venir voir, s'il faisoit quelque séjour dans la capitale. Il me le promit, mais je ne le revis que dans le courant de Mars 1784.

Le 3 Avril suivant, il me fit écrire une carte, pour m'annoncer que son oncle étoit à l'extrémité, & me prier d'y passer sur le champ; je ne reçus cette carte que sur les sept heures du soir.

Je me rendis aussitôt chez le sieur Izard, que je trouvai à l'agonie. J'y retournai à neuf heures, il venoit de mourir; j'avertis un Commissaire. Me Berton prévint celui que j'avois choisi. Muni du testament du sieur Izard, que je fis expédier à l'instant même, je fis apposer le scellé à ma requête.

Il ne me fut remis qu'une somme de 697 liv. pour faire face aux frais funéraires. On la trouva dans une armoire, où le défunt avoit déposé un sac pour les dépenses courantes. L'argent comptant étoit enfermé dans un coffre-fort, dont, dans le premier moment, on ne trouva pas la clef.

J'ordonnai le convoi, de concert avec Bonnafoux.

Après avoir rendu les derniers devoirs à l'oncle, je crus devoir me conformer à l'intention du défunt, & m'occuper non-seulement des intérêts, mais encore du personnel de son neveu.

Les legs particuliers étoient un objet de plus de 325 mille l.; mais, d'après ce que le sieur Izard m'avoit dit de l'état de ses affaires, je savois que le legs universel s'éleveroit encore à cent mille écus au moins, si tout étoit dans l'état annoncé par le testateur.

Sur

Sur cet apperçu, je crus devoir conseiller à Bonnafoux de quitter son métier de Charron. On croira sans peine qu'il fut docile à mes avis.

Cependant je le fis habiller honnêtement, & le préfentai à Madame la Marquife du Poulpry, qui eut la bonté de l'accueillir, & de lui donner des confeils qu'il n'auroit jamais dû oublier.

De ce moment ma bourfe lui fut ouverte, & j'eus foin de lui fournir toutes les chofes utiles dont il pouvoit avoir befoin.

Je crus devoir porter mes vues plus loin.

L'éducation de Bonnafoux avoit été très-négligée, ou plutôt elle étoit abfolument nulle. Il ne favoit ni lire ni écrire. Ses idées étoient celles d'un pauvre ouvrier, qui, forcé de travailler dès fa plus tendre enfance, n'avoit que des notions relatives à fes befoins phyfiques.

Je connoiffois un eccléfiaftique, nommé Rouard, récemment forti de l'ordre des Cordeliers, & attaché à l'Eglife de Saint Benoît de cette ville de Paris. Il m'avoit été vivement recommandé, & je cherchois l'occafion de lui être utile.

J'imaginai de lui propofer de prendre Bonnafoux en penfion, & de fe charger de fon éducation.

Si le legs univerfel du jeune homme étoit médiocre, le fieur Rouard devoit n'avoir que 600 liv. par an : je lui en promis douze, dans le cas où Bonnafoux auroit à-peu-près ce que la fortune de fon oncle paroiffoit promettre. Telles furent mes conventions.

Bonnafoux étoit vêtu convenablement. Il fe trouvoit logé & nourri, & à portée de s'inftruire. Je n'avois pourtant pas prodigué l'argent. Mes avances n'étoient que de vingt-cinq louis.

B

En un mot, Bonnafoux étoit content. L'Abbé Rouard paroiſſoit l'être auſſi. Je mangeois fréquemment avec le maître & l'éleve. Un de mes intimes amis vouloit bien, à ma conſidération, les recevoir, à ſa table, deux fois la ſemaine.

La plus parfaite intelligence paroiſſoit donc nous réunir. Mais l'intérêt aveugle les hommes, & les rend auſſi mépriſables qu'injuſtes. Déjà l'on intriguoit ſecrétement contre moi, & Bonnafoux, qu'il étoit ſi facile de tromper, n'oppoſa pas ſans doute une longue réſiſtance.

Je cherchois à le mettre au fait de ſes affaires, & il aſſiſtoit avec moi à toutes les vacations de l'inventaire. Cet inventaire fut exceſſivement prolongé, mais enfin, il fallut le clorre.

Il fut pris jour pour la derniere vacation, & ce fut préciſément la ſeule à laquelle Bonnafoux ne ſe trouva pas. Un Procureur au Châtelet (Me Candon de Sarry) s'y préſenta pour ſtipuler ſes intérêts.

PROCÉDURE.

*Vacation du 30 Juin.

Cet Officier débuta par un Dire * portant *qu'il n'empêchoit que l'argent comptant qui s'étoit trouvé ſous les ſcellés, l'argenterie & toutes les pieces cotées & paraphées, ne fuſſent remiſes au ſieur Labaïut, exécuteur teſtamentaire, mais qu'à l'égard des effets au porteur, des actions de la Compagnie des Indes & coupons d'intérêt, il requèroit qu'ils fuſſent dépoſés, ſoit à Me Boulard, ſoit à Me Rouen, Notaires, pour, par eux, en être dépoſitaires juſqu'à ce que l'exécution du teſtament eût été conſentie ou ordonnée en Juſtice, & être enſuite leſdits effets convertis en argent comptant, pour l'employer en d'acquit des legs particuliers ou au profit de la ſubſtitution.*

Il osa ajouter que lui Procureur n'ignoroit pas que *la Loi accorde à l'exécuteur testamentaire la saisine de la succession pendant l'an & jour*, mais qu'il faisoit ce requisitoire *pour des motifs particuliers qu'il étoit inutile de détailler*, persuadé qu'il étoit que le sieur Labatut ne se refuseroit pas au dépôt; qu'au surplus, si sa demande faisoit quelque difficulté, il requéroit un référé devant M. le Lieutenant Civil.

Ce référé eut lieu le 5 Juillet suivant.

Ceux qui me suscitoient cette odieuse & ridicule tracasserie eurent la liberté de développer devant le Magistrat leurs motifs particuliers & secrets, & ce fut Me Candon, leur organe, qui expliqua les réticences de son injurieux requisitoire.

Un Notaire, disoit ce Procureur, inspire la confiance; sa caisse n'est pas exposée à être volée. Le sieur Labatut, ajoutoit-il, n'est qu'un simple particulier, qu'un Intendant de maison : il y auroit du danger à lui confier des sommes considérables.

Mon défenseur répondit, 1°. que j'avois pour moi le vœu du testateur; qu'il avoit ordonné que toute sa fortune fût remise entre mes mains, & qu'il avoit pensé, & avec raison, que j'en serois le dépositaire fidèle.

2°. Que la Coutume m'accordoit d'ailleurs la saisine de la succession mobiliaire du défunt.

3°. Enfin, que depuis plus de vingt ans, j'étois chargé par état de beaucoup plus d'argent, de billets, lettres de change & autres effets qu'on n'en avoit à me remettre, & que l'hôtel où Madame la Marquise du Poulpry veut bien me donner un domicile, est aussi bien gardé, aussi sûr que l'Etude de Paris la plus inaccessible aux voleurs.

Il n'étoit pas à craindre que la basse chicane qu'on me faisoit essuyer prévalût sur les principes.

M. le Lieutenant Civil ordonna que tous les effets de la succession me seroient remis, & que je m'en chargerois en ma qualité d'exécuteur testamentaire.

Cette Ordonnance est du même jour 5 Juillet 1784.

Dès le lendemain 6, on obtint, sous le nom de Bonnafoux, un Arrêt qui le reçut appellant, & indiqua jour au 9 du même mois, *toutes choses demeurantes en état*.

On a vu que dans le Dire inféré au procès-verbal de levée des scellés, à la vacation du 30 Juin, le Procureur de Bonnafoux avoit déclaré qu'il n'empêchoit que l'argent comptant, l'argenterie & toutes les pieces cotées & paraphées ne me fussent remises.

Dans la Requête visée en l'Arrêt du 6 Juillet, on fait au contraire demander par Bonnafoux, que par provision les effets royaux, billets au porteur, billets de la caisse d'escompte, deniers mobiliers, même ceux qui proviendroient de la vente des meubles, fussent déposés chez M*e* Rouen ou chez tout autre Notaire......

Dans cette Requête on me traite *du nommé Labaiat, Intendant de maison*. Ce ton de mépris étoit-il convenable, étoit-il décent dans la bouche du légataire universel?

Quoi qu'il en soit, j'étois tranquille, ayant pour moi la Loi, ma conscience, & j'ose le dire, ma réputation. Mais, quelle étoit mon erreur? L'artisan secret de l'intrigue, & tous ceux qu'il faisoit mouvoir par des vues d'intérêt, étoient en campagne, frappant à toutes les portes, m'accusant d'avoir dicté le testament, & me diffamant avec autant d'injustice que d'acharnement.

Ce fut par ces moyens qu'ils parvinrent à surprendre, sur l'appointement à mettre, un Arrêt,* qui « fait défenses d'exé- *4 Août 1784.
» cuter l'Ordonnance de M. le Lieutenant Civil, ordonne
» que les effets royaux, billets au porteur, billets de la caisse
» d'escompte & autres effets mobiliers, deniers comptans,
» ainsi que ceux à provenir de la vente des meubles, seront
» déposés, lors de la clôture de l'inventaire, ès mains de
» Rouen, Notaire ».

L'Arrêt me permet seulement de retirer des mains de cet Officier, *sur mes simples quittances, les deniers & effets nécessaires pour le paiement des legs, à fur & à mesure que j'en ferai l'acquit*; le surplus des demandes est joint au fonds.

Cet Arrêt provisoire ne me dispensoit pas de répondre aux vues du testateur, & je devois, en attendant le jugement du fonds, veiller aux recouvremens & à l'acquit des dettes de la succession; en conséquence, je demandai à Me Rouen de me remettre, 1°. une somme de 4266 livres pour acquitter les droits d'insinuation du testament; 2°. tous les effets échus, dépendans de la succession, les contrats de rentes viagères, & notamment la grosse d'une obligation de 66,000 livres qui étoit échue, & payable par un Seigneur de la Cour : je lui offrois toutes quittances, récépissés & décharges nécessaires.

J'essuyai un refus absolu de la part de Me Rouen : je fus obligé de lui faire une sommation; alors il me déclara qu'il avoit acquitté les droits d'insinuation, & qu'il en avoit la quittance; ainsi Me Rouen ne se regardoit pas comme un simple dépositaire, mais comme le véritable exécuteur du testament.

Je n'ai pas cru devoir le souffrir. Le 3 Septembre 1784, j'ai provoqué un référé devant M. le Lieutenant Civil, & obtenu une Ordonnance qui porte entr'autres dispositions que les poursuites, pour les effets qui en seront susceptibles, feront faites à ma requête, à la charge du dépôt entre les mains de Me Rouen, & qu'à cet effet ils me feront remis fous le récépiffé de mon Procureur.

Mais Bonnafoux ayant interjetté appel de cette Ordonnance, a obtenu, le 15 du même mois, un Arrêt de défenfes. De-là une nouvelle inftance d'appointement à mettre, jugée par Arrêt contradictoire, du 21 Mars dernier, qui ordonne l'exécution de celui du 4 Août précédent.

Tel eft l'apperçu des traitemens que j'éprouve.

Dois-je, comme Me Rouen me l'a infinué plufieurs fois, toucher le legs particulier que m'a fait le teftateur, & abandonner l'exécution teftamentaire? Non: ce feroit tout à la fois manquer à la confiance que le fieur Izard a eue en moi, & confentir à mon propre déshonneur. Et pourquoi donc un citoyen honnête, un homme qui a toujours refpecté la Loi, & qui dès lors eft digne de toute fa protection, pourquoi enfin un fidéle fujet du Roi qui doit participer à tous les droits de Cité, fouffriroit-il qu'on le rangeât dans la claffe de ces êtres vils & déshonorés contre lefquels les Tribunaux prennent des précautions?

C'eft ici un combat d'un genre tout nouveau qui fe donne en préfence des premiers Magiftrats. Or, j'ofe défier mes Adverfaires de citer un feul fait dont j'aie à rougir. Les miférables prétextes à la faveur defquels ils font parvenus à faire infirmer les deux Ordonnances des 5 Juillet & 4 Août 1784, auroient été profcrits comme ils le méritoient, fi j'euffe pu me défendre, mais jufqu'à préfent ma caufe n'a pas été connue; je vais donc la mettre toute entiere fous les yeux du Parlement; je ferai obligé de reprendre quelques faits qui n'ont pas reçu affez de développement, mais je n'abuferai pas de la patience de ceux qui voudront bien me lire. Ces faits font relatifs au sieur Bonnafoux & au sieur Abbé Rouard, à la dame veuve Delpech, niece du testateur, à quelques autres parens qui se sont joints à cette femme, & à Mᵉ Rouen.

§ Iᵉʳ.

Conduite du sieur Bonnafoux & du sieur Rouard.

Je n'accuserai point le légataire universel, d'avoir ourdi l'intrigue qui a troublé mon exécution testamentaire. Un pauvre ouvrier protégé par madame la Marquise du Poulpry n'auroit pas conçu de soupçons contre un homme auquel cette dame elle-même confie sa caisse & la conduite de ses affaires.

Quel est donc celui qui lui a inspiré d'injustes préventions?

Le sieur Rouard m'avoit de grandes obligations, puisque depuis long-tems je cherchois tous les moyens possibles de l'obliger; que je ne l'avois même chargé du sieur Bonnafoux, que parce que je croyois que cet arrangement pourroit par la suite contribuer à l'amélioration de sa petite fortune.

Voici les faits.

Le maître & l'éleve se sont éloignés en même-tems, & il m'est revenu, de toutes parts, que le sieur Rouard se permettoit contre moi les propos les moins obligeans.

Ce qu'il y a de certain, c'est qu'il a marié depuis peu le sieur Bonnafoux, & qu'il s'est fait donner par lui & par le pere de la demoiselle, de l'argent comptant & des rentes viageres.

Je ne me permettrai aucunes réflexions.

§. II.

Prétentions de la veuve Delpech & de quelques parens du sieur Izard, qui prennent la qualité d'habiles à se dire & porter héritiers.

Lors de l'appointement à mettre introduit sur l'Ordonnance du 5 Juillet, j'ai fait assigner les héritiers du sieur Izard en déclaration d'Arrêt commun. Plusieurs de ces héritiers ont adhéré à mes conclusions. D'autres, & notamment Jeanne-Elizabeth Izard, veuve du sieur Delpech, se sont joints au légataire universel. Quelques-uns s'en sont rapportés à la prudence de la Cour, & c'est même le parti que la veuve Delpech vient aussi de prendre sur le fonds. Eh! qu'on ne s'étonne point de cette apparente contradiction. « S'il étoit besoin, » (dit-elle dans sa Requête du 15 Mars dernier) d'expliquer » les raisons qui déterminent la Suppliante, qui s'étoit réunie » sur le provisoire au sieur Bonnafoux, à s'en rapporter à jus- » tice sur le fonds, elle diroit que *par des arrangemens par-* » *ticuliers faits entr'elle & le sieur Bonnafoux, postérieurement* » *à l'Arrêt provisoire, elle a renoncé à attaquer le testament du* » *feu sieur Izard son oncle, pour s'en tenir aux qualités d'héri-* » *tiere & légataire* ».

N'est-ce pas dire en d'autres termes qu'elle a fait avec le légataire universel des arrangemens, onéreux sans doute à la substitution; qu'on ne me craint plus, & que dès-lors on peut me donner la saisine, puisque la loi me l'accorde. Mais si effectivement Bonnafoux & ses prétendus conseils n'ont pas respecté les dispositions du testateur, je saurai bien les faire exécuter dans toute leur étendue.

Mais

Mais avançons.

La veuve Delpeck a donné, le 5 Avril, une derniere Requête dans laquelle elle trahit, fans le vouloir, le fecret de ceux qui montrent aujourd'hui le plus d'acharnement contre moi.

Si on l'en croit, fon pere étoit l'auteur de la fortune du défunt. C'étoit lui qui l'avoit fait entrer chez M. Caftanier & par reconnoiffance, *Pierre Izard, de la fucceffion duquel il s'agit aujourd'hui, l'avoit fait fon légataire univerfel, ainfi que fes enfans.*

» Tant que le feu fieur Izard fut maître de fes volontés, » pourfuit-elle, le teftament eut lieu; mais au mois de No-» vembre 1783, il en paffa un fécond devant Mᵉ Boulard, par » lequel, en révoquant le premier, il inftitua Jean Bonna-» foux pour fon légataire univerfel, & nomma pour fon exé-» cuteur teftamentaire le fieur Labatut, Intendant de madame » la Marquife de Poulpry ».

La dame Delpech prétend-elle m'accufer d'avoir fuggéré le dernier teftament ? Affurément elle eft dans une grande erreur. Si j'avois eu quelque crédit fur l'efprit du teftateur, je m'en ferois fervi pour le déterminer à laiffer fubfifter fon premier teftament. Quel intérêt aurois-je eu à préférer un compagnon charron que je n'avois vu qu'une fois, à la dame Delpech que je connoiffois depuis près de trente ans ?

La vérité eft donc que je n'ai eu d'autre influence fur ce qui a été fait en 1783, que de fournir au teftateur des renfeignemens fur fa nombreufe famille & que de lui indiquer Mᵉ Boulard, Notaire de madame la Marquife du Poulpry.

C

§. III.

Entreprise sur mes fonctions d'exécuteur testamentaire.

Je demande d'abord à Me Rouen pourquoi il a fait faire l'insinuation du testament, & pourquoi il s'est ingéré de payer les droits dûs pour cette insinuation.

Le légataire universel avoit conclu, par sa requête du 21 Juillet 1784, à être autorisé à prélever sur les effets & deniers comptans de la succession, somme suffisante pour l'acquit des droits de contrôle, insinuation, centieme denier & droits royaux, & l'Arrêt provisoire du 4 Août suivant, avoit rejetté cette demande comme injuste.

Me Rouen sait bien que dès le lendemain de l'Arrêt, je me présentai chez lui pour avoir les fonds nécessaires à cette formalité. Je n'étois donc pas en demeure.

Je lui demande ensuite de quelle autorité il a payé plusieurs légataires. A la bonne heure que ces paiemens soient utiles à la succession, & qu'on ne doive pas laisser des deniers oisifs en caisse (1); mais il n'en est pas moins vrai que si les héritiers avoient consenti la délivrance, Me Rouen devoit m'en instruire. J'aurois payé, parce que cela me regardoit.

Quoi qu'il en soit, il paroît que mes Adversaires n'étoient pas sans inquiétude, puisqu'ils ont cherché à profiter de quelques actes extrajudiciaires signifiés à ma requête, pour obtenir

_____

(1) Je rapporte un billet de sa main, par lequel il me mande qu'il a payé les légataires particuliers qui ont la délivrance de leurs legs......, de la requisition expresse du légataire universel & de ses conseils....., qu'il a été autorisé à me payer le legs qui m'a été fait, & que le parti de payer n'a été adopté que pour opérer le véritable avantage de la succession; & ne pas laisser en caisse des deniers oisifs.....

sous le nom du légataire universel, un Arrêt sur Requête qui ordonne que les précédens Arrêts de la Cour seront exécutés, & que nonobstant toutes oppositions faites ou à faire, Rouen Notaire, dépositaire des deniers & effets de la succession Izard, sera tenu de payer & acquitter les legs dont la délivrance est ordonnée.....; sauf à Labatut de se trouver présent, si bon lui semble, lors du paiement des légataires qui s'adresseront audit Labatut, à fur & à mesure seulement qu'il en fera l'acquit.

J'ai formé opposition à cet Arrêt.

MOYENS.

L'exécution testamentaire, dit Ricard, est une charge d'honneur & d'amitié. C'est un ministère de confiance, susceptible des pouvoirs les plus étendus; ainsi prendre des précautions que le testateur lui-même n'a pas prises, annoncer des méfiances qu'il n'a pas eues, qu'il n'a pas dû avoir, ce n'est pas juger comme la Loi; c'est en abuser, c'est faire injure à l'ami que le défunt a voulu honorer.

Il existe pourtant des cas, mais infiniment rares, où les Tribunaux bornent la saisine donnée à l'exécuteur testamentaire. Voilà pourquoi mes Adversaires ne citent que deux Arrêts, qui semblent autoriser leur demande. J'en pourrois citer un bien plus grand nombre qui la rejettent.

En général tout Citoyen dont la réputation est sans tache & à l'abri du reproche, a droit à la faveur & à la protection de la Loi.

Or, la Loi défend non-seulement la personne & les biens de chaque individu; elle défend sur-tout son honneur. Elle ne connoît point les préventions toujours injustes. Sage & circonspecte dans ses vues comme dans ses jugemens, elle

C 2

ne voit le mal que là où il est, & ne le suppose jamais. Le pauvre, s'il a des mœurs, s'il jouit d'une bonne réputation, peut réclamer son appui avec plus d'avantage que le riche d'une conduite équivoque, d'une foi douteuse. En un mot, quand il s'agit de fonctions qui supposent de la loyauté & de la vertu, la probité éprouvée est encore un meilleur garant que l'opulence.

Le sieur Izard me connoissoit depuis plus de trente ans; il m'avoit vu successivement attaché à MM. d'Auriac, puis à Madame la Marquise du Poulpry, & sans doute ma conduite auprès d'eux a toujours été irréprochable, puisque j'avois l'estime, même des subalternes qui sont d'ordinaire des argus si clairvoyans, des Juges si sévères.

A quel autre d'ailleurs, le sieur Izard pouvoit-il confier cette délicate & pénible exécution?

Quatre-vingt-dix neveux & nièces, petits neveux & petites nièces, ou autres collatéraux, sont nommément gratifiés par lui. Il donne en outre une somme de *cent livres* à quiconque établira sa parenté avec lui.

Il falloit être né dans le pays, y avoir conservé des relations, en connoître les principaux Habitans pour se charger d'une pareille exécution, pour la remplir avec exactitude.

A quoi tendent donc les mauvaises difficultés, les chicanes dégoûtantes qu'on me fait essuyer?

Il est évident que les Agens secrets de l'intrigue voudroient mettre la main sur six ou sept cens mille livres de mobilier, placer arbitrairement les fonds de la succession, désintéresser peut-être ceux des légataires qui sont à Paris, multiplier vis-à-vis de tous les autres, les incidens & les difficultés, & ne s'occuper des intérêts de la substitution que quand ils s'y trouveroient forcés. Mais qu'auroient-ils à craindre de ceux qui y font éventuellement appellés ? Des payſans pauvres, vivant du travail de leurs mains au fond du Languedoc, pourroient-ils donner de la fuite & de l'activité à une opération aſſez difficile, & qui ne leur offriroit d'ailleurs aucun intérêt actuel & préſent ?

Déja l'on me dépouille des fonctions que l'amitié, que la confiance du ſieur Izard a voulu que je rempliſſe ſeul.

On a fait inſinuer le teſtament ſans en avoir la groſſe, qui eſt mon titre, & ſans pouvoir, par conſéquent, y faire inſ-crire la mention de cette formalité préalable & néceſſaire. On s'eſt contenté d'une quittance, à tous égards inſuffiſante. On a obtenu enſuite la délivrance des legs, ſans m'en préve-nir, & on s'eſt empreſſé d'en acquitter ſecrétement pluſieurs. Enfin, on m'a fait entendre que ſi, ſans me donner la peine de veiller à l'exécution du teſtament, je veux toucher le legs que mon ami a attaché à cette exécution, on eſt prêt de me payer. On a même ſurpris un Arrêt qui me dépouille, comme ſi j'étois un Citoyen notoirement ſuſpect & flétri dans l'opi-nion publique ; N'eſt-ce pas le renverſement de toutes les régles, le mépris de toutes les bienſéances, la violation de tous les devoirs ?

Voyons au ſurplus quels ſont les prétextes dont on colore cette étrange conduite, & comment on entreprend de moti-ver la prétendue néceſſité du dépôt judiciaire auquel on a conclu. Voyons ſi on a découvert quelques faits que le teſ-tateur ne connut pas & qui l'euſſent empêché, s'il en eut été inſtruit, de remettre entre mes mains le dépôt de ſa fortune.

On dit d'abord, que la ſucceſſion eſt conſidérable, & que tout ſe réunit pour que celui qui doit en être le dépoſitaire ſoit d'une ſolvabilité notoire, certaine, aſſurée, & qu'*on ne peut pas trouver en moi une pareille ſolvabilité.* Le légataire uni-

verſel ajoute : qu'*il ne cherche point à ſcruter le fonds de ma fortune & qu'il aime à ſe perſuader que j'ai toute l'exactitude & toute la délicateſſe que l'on peut deſirer* *.

<small>* Requête du Légataire univerſel du 21 Juillet 1784.</small>

Je réponds qu'une exécution teſtamentaire n'eſt point un négoce qui exige des ſûretés pécuniaires. Il eſt inoui que jamais on ait aſſujetti à la néceſſité de fournir une caution, celui qui remplit un miniſtere de confiance & de bonne foi. Un moyen infaillible d'ôter aux mourans l'eſpérance ſi douce, ſi conſolante qu'un ami fera exécuter leurs dernieres volontés, eſt d'aſſujettir cet ami à donner caution. Perſonne ne conſentiroit de s'avilir à cet excès.

Bonnafoux dit qu'il ne veut point ſcruter le fonds de ma fortune, & qu'il aime à ſe perſuader que j'ai *toute l'exactitude & toute la délicateſſe que l'on peut déſirer*. Son oncle en étoit bien convaincu en effet, puiſqu'il a voulu que toute ſa fortune fût remiſe entre mes mains. Le légataire univerſel ne peut donc pas s'y oppoſer lui même, ſans détruire en quelque ſorte le titre qui la lui tranſmet.

Le ſieur Labatut, pourſuit-on, n'eſt qu'un ſimple Intendant de maiſon, qui n'a point de domicile.

L'Intendant d'une grande Maiſon, dont la conduite & la fidélité étoient bien connues avant qu'on le chargeât d'aucune adminiſtration, eſt à coup ſûr un homme honnête, un citoyen eſtimable. Il eſt digne ſur-tout de confiance, lorſque ſon zéle & ſon intégrité ont été mis à l'épreuve durant nombre d'années, & qu'on ne peut pas articuler un ſeul fait qui puiſſe motiver le ſoupçon le plus léger.

Peut on dire qu'un pareil homme ne ſoit pas ſolvable? Et qu'eſt-ce donc que la ſolvabilité? Sont-ce les richeſſes qui la donnent? Et combien de particuliers paroiſſent dans l'abondance, & ſont cependant noyés de dettes! Combien d'officiers, revêtus même de charges lucratives, qui ſemblent, par des dehors imposans, appeller la confiance, & qui la trompent tous les jours! La véritable solvabilité consiste dans la droiture du cœur. *Plus est cautionis in fide quam in re.*

Je n'ai point, dit-on, de domicile. Mais puis-je en avoir un plus connu, plus honorable que celui que Madame la Marquise du Poulpry me donne depuis vingt ans dans son hôtel? Mes adversaires sauroient bien me trouver, si je leur devois personnellement la plus petite somme ; & ils ne douteroient pas que je n'y fusse valablement assigné. Le dernier exploit que j'ai reçu d'eux, m'a été signifié en l'hôtel de Madame la Marquise du Poulpry, *audit domicile*. Ils reconnoissent donc que j'ai *un domicile de droit & de fait.*

On allégue que « Madame la Marquise du Poulpry, qui me
» loge, peut, d'un jour à l'autre, me remercier de mes ser-
» vices, & qu'alors on ne pourroit se défendre d'avoir des
» inquiétudes ».

Le feu sieur Izard connoissoit mon état & ma consistance, lorsqu'il a testé, & qu'il m'a nommé son exécuteur testamentaire. Il savoit que j'avois l'honneur d'être chargé depuis vingt ans de l'administration des affaires de Madame la Marquise du Poulpry, & d'une caisse, dans laquelle il y avoit assez souvent des fonds considérables confiés à ma foi. Il savoit, en un mot, que j'avois fait mes preuves, & que d'après les principes de ma commettante, & ceux qui m'avoient toujours dirigé, il n'étoit point à craindre qu'elle remerciât un serviteur fidele, qui s'étoit toujours montré digne de sa confiance, & qui, suivant toutes les probabilités morales, ne varieroit jamais.

Mais, continue-t-on encore, *le sieur Labatut est mortel, les effets de la succession, ainsi que l'argent comptant, n'ont point de nom ; quelqu'un peut mettre la main sur le tout : cela peut même arriver de son vivant.*

Cette objection mérite à peine l'honneur d'une réponse. Sans doute je suis sujet à la loi commune ; mais si je cessois de vivre, on trouveroit un tel ordre dans mes affaires, que les effets de la succession Izard, ne seroient confondus avec aucuns autres fonds, & se retrouveroient entiers. Ce n'est point dans la maison de Madame la Marquise du Poulpry qu'on doit craindre ce mélange suspect, cette dangereuse confusion dont on a l'indécence de présenter le danger.

. . . . *Domus hâc nec purior ulla est,*
Nec magis his aliena malis. . . . . (Horat.)

Résumons.

Je ne suis pas un simple exécuteur, chargé seulement de payer quelques legs, « je veux, dit le sieur Izard, que, pour » sûreté de la substitution que je viens de faire, tout mon mo- » bilier soit vendu, & que le prix, ou le montant de tout » ledit mobilier, soit converti en immobilier réel ou fictif, » en présence, & du consentement de mon exécuteur testa- » mentaire, sans le consentement duquel, mondit légataire » universel ne pourra pareillement recevoir le remboursement » d'aucune des rentes, provenant de mondit legs universel ».
Signé LABATUT.

GUILLOT DE BLANCHEVILLE, Procureur.

CONSULTATION.

LE CONSEIL soussigné, qui a lu le Mémoire ;

ESTIME, qu'aux termes de l'article 297, de la coutume de Paris, *les exécuteurs testamentaires sont saisis, durant l'an &*
jour

jour du trépas du défunt, des biens meubles demeurés de son décès, pour l'accomplissement de son testament.

Cette saisine s'étend à tout l'argent comptant, aux papiers, billets, obligations, en un mot, à tout ce qui est de nature mobiliaire.

Il n'est cependant pas de l'essence de cette saisine d'être universelle.

1°. Le testateur lui-même peut la borner, *si le testateur* (est-il dit dans le même article 297) *n'avoit ordonné que ses exécuteurs testamentaires fussent saisis de sommes certaines seulement.*

2°. La Cour se détermine aussi quelquefois à priver un exécuteur testamentaire de la saisine attachée à son titre; mais étant impassible & juste comme la Loi elle-même, elle ne prend ce parti rigoureux, que quand elle s'y trouve forcée par des circonstances qui ne se rencontrent assurément pas dans l'espece actuelle.

On cite deux Arrêts: celui rendu contre l'exécuteur du testament du Prince Charles de Loraine, & celui intervenu en 1765, contre le sieur de Jettonville.

Mais, le testament du Prince Charles de Loraine étoit nul. Il n'étoit par conséquent pas susceptible d'exécution.

Quant à l'Arrêt de 1765, tout le Palais se rappelle encore les motifs qui le déterminerent. Il fut universellement applaudi.

A ces deux Jugemens, qui sont, en quelque sorte, exception à la regle générale, on pourroit en opposer cent qui ont confirmé la saisine accordée par la coutume, aux exécuteurs testamentaires; mais contestée à ceux-ci, sous prétexte d'insolvabilité; à ceux-là, parce qu'ils n'étoient pas assez qualifiés; à d'autres, par des motifs aussi peu solides.

La pauvreté, dit Pothier, n'est pas une cause qui empêche d'etre exécuteur testamentaire, & d'avoir le dépôt de la fortune mobiliaire d'un défunt. C'est une charge d'honneur & d'amitié; & il est sans exemple, qu'on ait pris des précautions contre un homme de probité; car les précautions sont toujours injurieuses à celui qui ne remplit qu'un ministere de confiance.

On convient qu'un homme, qui n'auroit ni feu, ni lieu, qui seroit peu connu, & dont personne ne répondroit, ne devroit pas se récrier, si la Justice ordonnoit un dépôt.

Mais le sieur Labatut est-il dans ce cas?

Depuis trente ans, il est attaché à une maison considérable, dont il a mérité la confiance, dans des places également laborieuses & délicates. Secretaire de confiance, d'abord de M. l'Avocat Général d'Auriac, & ensuite de M. le premier Président du Grand Conseil, il est chargé, depuis vingt ans, de la conduite des affaires, & de la caisse de la Marquise du Poulpry. Or, cette dame déclare hautement qu'il s'est toujours montré digne de sa confiance. Ce témoignage honorable devroit donc écarter les soupçons, s'il en existoit aucuns: Mais, loin de rien articuler contre lui, ses Adversaires sont forcés d'avouer, qu'il a *toute l'exactitude*, *& toute la délicatesse possible* *.

*Requête du Sr Bonnafoux, du 21 Juillet 1784.

Ils affectent cependant de prétendues allarmes; mais comment les motivent-ils? Car ce n'est pas sérieusement, sans doute, qu'ils disent qu'un homme, auquel la Marquise du Poulpry donne depuis vingt ans un logement convenable dans son hôtel, n'a pas de domicile. Ce n'est pas sérieusement qu'ils paroissent craindre qu'il ne soit congédié. Ce n'est pas sérieuſement enfin, que, dans le cas où il viendroit à mourir, ils ſuppoſent une confuſion, un mêlange d'effets & d'argent, *qui ſeroient funeſtes, diſent-ils, & au légataire univerſel, & aux légataires particuliers.*

Il eſt évident, au contraire, qu'ils rendent hommage malgré eux à la probité, à la fidélité éprouvée du ſieur Labatut, & que, n'ayant aucuns reproches fondés à lui faire, ils emploient toute ſorte de prétextes pour le fatiguer, & pour empêcher, par cette voie indirecte, l'exécution du teſtament. Si le ſieur Labatut ne paie pas les legs, s'il ne fait pas les vérifications dont il eſt chargé, & que lui ſeul peut faire, en un mot, s'il ne met pas la ſubſtitution en regle, il eſt à craindre que les dernieres volontés du teſtateur ne ſoient pas pleinement remplies.

Le ſieur Izard s'étoit flatté que ſa fortune ſeroit diſtribuée toute entiere, dans les proportions qu'il avoit lui-même établies. Il avoit même cherché à prendre ſur cela toutes les meſures que la ſageſſe pouvoit lui inſpirer, & il y avoit réuſſi.

Et, en effet, l'unique moyen d'aſſurer le paiement des legs, d'écarter tous ceux qui ne ſeroient pas parens, & d'établir la ſubſtitution ſur les baſes indiquées par le ſieur Izard, étoit, en confiant l'exécution du teſtament à quelqu'un qui pût opérer ſous les yeux de la Marquiſe du Poulpry, d'intéreſſer cette dame elle-même, au ſuccès de cette exécution, inſéparable du bien-être de ſes vaſſaux & cenſitaires.

Ce but ſera totalement manqué, ſi, au lieu d'encourager le zele du ſieur Labatut, on l'enchaîne, & ſi lorſque le teſtateur lui montre une confiance ſans bornes, on croit devoir prendre des précautions, qui, comme nous l'avons déja dit, font toujours offenfantes pour un homme honnête & délicat.

Délibéré à Paris, le 7 Juin 1785. DUVEYRIER.

A PARIS, chez P. G. SIMON, & N. H. NYON, Imprimeurs du Parlement, *rue Mignon*, 1785.

www.ingramcontent.com/pod-product-compliance
Lightning Source LLC
Chambersburg PA
CBHW060632050426
42451CB00012B/2555